David Katumba

Eben Ezer

AF877716

David Katumba

Eben Ezer

Éditions Croix du Salut

Imprint

Cover image: www.ingimage.com

Publisher:
Éditions Croix du Salut
is a trademark of
Dodo Books Indian Ocean Ltd., member of the OmniScriptum S.R.L Publishing group
str. A.Russo 15, of. 61, Chisinau-2068, Republic of Moldova Europe
Printed at: see last page
ISBN: 978-3-330-31638-6

Eben Ezer

Ntumba Wa Mulu

Dédicace

A Toi, reine- Mère, Femme-dieu. Les mots me manquent pour te dire combien je t'aime. Marceline Tshika Bakuetu je t'aime.

Prologue

Sur les pas de Dieu, Marie. Sous le ciel du Golgotha, démons et poésie. Dieu est dans les yeux de la Vierge comme l'argile dans ceux du potier. La croix du Juste jette sur nos têtes le bruit d'un scandale et, son plus doux reflet, Marie reflète mieux que personne la croix, nous illumine.

O Femme Noire, Femme Africaine.

J'ai vu dans ton regard, doux comme un écrin, que tes yeux, beaux comme des diamants, m'aimaient. J'ai cru que je pouvais t'aimer avec le cœur mais on ne peut t'aimer que sur la croix.

O toi ma Mère je pense à Toi.

Ils ont déchiré la rose. De Saron. Et ses pétales, o Fille de Sion, sont tombés à tes pieds.
Sur les pas de Dieu, Marie-je t'aime. Oui, Marie je t'aime.

Femme Noire, Femme Africaine.

J'ai grandi dans l'oubli de ton nom là où ton nom est inoubliable. Là où ton nom brille avec autant de force et folie qu'une couronne d'épines.

Marie-marraine, Marie, ma reine. Le feu ne brule pas ceux que tu ceints. Tu n'es pas Dieu. Pour tes petits, Tu es Lionne. Tu chasses L'enfer et ses tempêtes. Ils s'en vont. Qui donc es-tu pour ordonner aux démons de s'en aller ?

O Femme Noire, Femme Africaine, Mets moi au dos. J'écrirais aux endroits les plus sensibles en mon âme et conscience que tu m'aimes. Quand je marche dans le *maquis de mon âme* je ne crains aucun mal. Tu es, la houlette et le bâton que Dieu donne à son oint. Tu es, dans *la vallée de Baca*, chaque pas que je fais. Tu es, dans *la vallée de l'ombre de la mort*, le soleil du Golgotha.

Chapitre 1

Si l'on m'avait dit un jour que mon retour au pays me ferait traverser le *maquis de l'âme* et rencontrer, dans cette foutue planète, le *petit prince* en chaque homme qui brule et hurle de douleurs, que ma traversée du fleuve Congo se ferait en pirogue, un soir où le vent souffle à contre-courant, que pour ne pas mourir affamer je devrais vendre du crédit téléphonique qu'il pleuve ou vente, que je marierais la fille d'un oncle à mon père, que ma femme tomberait enceinte au moment où je serais jeté en prison, qu'après avoir connu la misère sociale, les privations en tout genre à Kinshasa, je connaitrais la misère sociale, les privations en tout genre à Lubumbashi, que c'est la bénédiction de l'éternel qui enrichit et non les diplômes, la chance, les relations. Si l'on m'avait dit tout cela, je ne serais jamais sorti du ventre de ma mère, cette petite ville montagnarde dans l'Isère en France, Grenoble. J'aurais continué ma petite vie comme la plupart des enfants pourris gâtés. J'aurais continué d'aller à l'église une fois par an, dix minutes avant la fin de l'homélie, un chweengum à la bouche. Il m'est difficile d'avoir une idée claire sur ce que je serais devenu si je n'étais pas revenu à ma mère, ce ventre chaud qui m'avait porté et vue naitre, puis s'en aller à l'âge de trois ans, Le Congo. L'Afrique est comme ces choses qui se diluent dans le sang quand bien même on ne les goute que du bout des lèvres. Aucune personne qu'elle ait touché ou simplement effleurer ne peut se détacher d'elle. Je suis rentré au pays après trente ans d'absence.

L'Afrique ne tue pas. Elle rend plus fort. Dixit coco dada. La tante à ma mère, mieux connue sous le nom de *docteur tangawiss,* se lève chaque jour depuis 70 ans avant le soleil et du petit matin au soir, prépare une potion magique qui selon elle peut guérir toute maladie. Son médicament, tangawiss et eau fait des miracles ce qui lui vaut une clientèle fidèle. A la voir piler Le tangawiss durant des heures on se méprendrait à croire que ce travail est facile. La vérité est toute autre : le mortier pèse dix kilos et certaines journées le soleil dirait on est tout juste derrière la tête. Elle recueille le jus du tangawiss, aigre doux, qu'elle verse patiemment, sans en perdre une goutte, dans des bouteilles en plastiques. Ce petit business lui assure un revenu mensuel non négligeable.

Coco dada force le respect et l'admiration. Elle est comme toutes ces pauvres et vielles veuves d'Afrique, invincible. Chaque soir avant d'aller dormir elle boit un peu du *vin de Dieu*. Du vin de palme qu'elle déguste à petites gorgées dans une tasse à thé. Les jours où les ventes ont été bonnes, elle sort d'une énorme malle toute rouillée cachée sous son lit, ses plus beaux trésors. De la vaisselle en porcelaine. Elle dresse la table dans la cour. Les couverts sont posés avec mille et une précautions sur une natte si blanche qu'on la croirait neuve. La natte a 80 ans et pas un pli. Tout cet attirail lui rappelle les jours du temps où, jeune et jolie la vie était triste mais belle. Il fut un temps où les soirées étaient sucrées et douces à *Léo. Léopoldville.* Ah ! Le temps des colonies. L'ordre contre la liberté. La paix sociale contre la justice. C'était le temps des belges. Qu'elle regrette amèrement. D'après elle, le départ des colons a plongé le pays dans un enfer qui ne peut plus s'éteindre, qui brule tout même ce que d'aucuns avaient cru inflammable : la morale et la solidarité africaine. Les jeunes filles d'aujourd'hui, raconte la reine du quartier *diagenda,* se prostituent en plein jour sans honte ni remords. Elles sortent toutes nues, les fesses à l'air, maquillées comme des démons et cela ne gêne personne. La prostitution est comparable à un morceau de braise qui rend l'enfer du Congo si dangereux. Le sida se promène et transmet à chaque coin des rues. Les parents, face à une jeunesse en jeans et collants moulants ont démissionné. La solidarité qui aurait pu atténuer quelque peu l'une des principales causes du drame congolais, ne fonctionne plus comme auparavant. Dans le Congo des nouvelles technologies, les noirs ont tué Dieu. Seule contre tous, elle marche avec les coutumes des ancêtres au plus profond d'elle. Née catholique, elle s'est reconvertie au protestantisme sur le tard. Le jour où un pasteur pentecôtiste lui parlera du baptême qui ne saurait se résumer à trois petites gouttes d'eau sur la tête d'un nouveau nait. Le baptême, me répète-elle souvent dans nos discussions d'après minuits, est le genre d'engagement qui nécessite volonté, intelligence et mémoire.

Protestante, elle ne va plus à l'église parce que les révérends l'ont déçu. Ils ne parlent pas ou si peu du Dieu Très Haut. L'essentiel des prêches tourne toujours autour du même sujet, la dime. Dans certaines églises le pasteur ressemble plutôt à un escroc. Bible en main, il promet tout et n'importe quoi, un voyage aux états unis, une guérison du sida, un nouvel emploi, une nouvelle voiture, la femme parfaite, à celle ou celui qui met une enveloppe dans la corbeille. Jésus n'est pas mort sur la croix pour ça.

De temps à autre, elle récite un chapelet à la sainte vierge puis, comme si cela eut été inutile, soupire. Ses yeux, ridés et douloureux ont *bu* trop d'injustices. Pendant trente ans Mobutu leur a fait accepter l'inacceptable. Résignée, elle ne s'intéresse plus à rien d'autre que faire et vendre son tangawiss. Les périodes où le pays va mal, les fonctionnaires sont impayés, ses locataires ne paient plus leur loyer, la potion magique ne se vend pas. Les tensions socio-politiques font craindre le pire. La vente du tangawiss est un indicateur économique pertinent. Lorsque L'offre ne trouve aucune demande durant plusieurs jours d'affilées, elle regarde le ciel sans sourciller et d'une voix monocorde annonce la venue des mauvais jours. Ces périodes où elle ne peut se permettre un bon repas que tous les deux jours.

Son élixir lui vaut une réputation et des surnoms connus dans tout le pays jusqu'en Europe. Les *bana poto* en vacances à Kinshasa n'oublient jamais la villa au grand portail vert. Ce sont des parents ou connaissances du temps où elle était encore reine. Ce sont ses plus gros clients. Certains d'entre eux repartent en Europe avec du *médicament* pour toute une année.

Coco dada, coco bar, tia mukanda, docteur tangawiss est la fille d'un sénateur. Du temps des colonies, seule une poignée d'homme sévèrement sélectionnés par l'administration coloniale, pouvaient espérer avoir un tel statut. Son père, à qui elle voue un véritable culte, l'a mariée à dix-sept ans. Ce dont elle regrette le plus est d'avoir du arrêter ses études si jeune. Dure au travail, que ce soit au champ ou à la maison, elle a gravie pas à pas tous les échelons qui mènent à la fortune. Du petit commerce au commerce de diamant. La richesse et la gloire au terme d'un combat à mort. Dix ans d'efforts sans une seule goutte de sueur. Dix ans de vie conjugale sans tomber enceinte une seule fois. Mauvais coup du sort. Les *dieux* sont impitoyables avec ceux qui jouent mal leur carte. Divorce et injures. Et puis, remords et colère. Ses yeux ont vu son château, tous les efforts d'une vie, tomber en ruine comme si de rien était. Qu'à cela ne tienne, l'enfant nait à *ngandajika* ne lâche jamais le bout même quand il ne reste pratiquement plus rien à tenir. Elle reconstruit, pierre par pierre, tout ce que l'infortune lui a arraché. A 35 ans elle devient la mère du petit peuple dans sa commune.

Si je pouvais réécrire *tintin au Congo*, je dessinerais cette fille d'Afrique sur chaque page. Scène un : Tintin rentre au pays après avoir vécu toute sa vie en France. Arrivé à Brazzaville, il embarque dans une petite pirogue à destination du Congo Kinshasa. La traversée coute vingt dollars à payer cash à mi-parcours. Il est minuit ou presque et les étoiles éclairent la scène avec tout juste ce dont il faut comme lumière pour donner à cette comédie humaine force et folie. Arriver au milieu du fleuve, si près du but, tintin entend à peine les injures des pagayeurs qui réclament leur argent et jurent sur les dieux des enfers qu'ils le jetteront à l'eau s'il ne paye pas. Il ne paye pas. Peu lui importe que les démons du fleuve -ces crocodiles qui, selon le capitaine, sont impitoyables avec ceux qui tombent dans leur assiette- lui feront regretter son insolence. Il sourit. Ses yeux ne voient plus rien d'autre que la Promesse. Son père lui avait dit un jour qu'il rentrerait dans son pays. Ce jour-là, les nègres qui chantaient *we shall overcome* dans l'enfer du Missisipi le porteraient pour que son pied ne heurte aucun obstacle.

Une étoile filante tombe du ciel. Apres une petite réunion improvisée sur les bords du fleuve, le chef des pécheurs décide d'accompagner cet enfant o combien étrange et fou dans sa famille à Kinshasa, espérant ainsi obtenir son argent.

Scène deux : Tintin ne connait pas cette ville et la seule chose dont il se souvient du Congo est un nom. Beltchika. Le capitaine connait. A kinshasa tout le monde connait la maison du célèbre champion d'Afrique de boxe. Tout le long du chemin, le petit nouveau s'émerveille. Comment se fait-il que ce pays dont on lui avait raconté tant d'histoires en mal, soit si beau.

Scène trois : Dans la parcelle Beltchika, tout le petit peuple du quartier se réunit autour du p'tit nouveau. Il affirme qu'il est un parent. Il revient d'Europe. Personne ne veut le croire. Ses habits sont usés et ses chaussures foutues. Les noms des parents qu'il cite sont bien connus mais lui, ressemble plutôt à ces mendiants qui inventent mille et une histoires pour avoir à manger. Les avis sont tous unanimes sur la question.

-Celui-ci n'est pas des nôtres.

Restée silencieuse jusque-là, jusqu'à ce que l'on demande aux voyageurs de s'en aller, Docteur Tangawiss se prononce. Cet enfant est son sang. Elle se lève et d'un pas lent, le dos courbé, avance vers *tintin*. Elle plonge ses yeux dans les siens et d'une voix qui semble tomber du ciel conclue :

-Dieu nous a rendu l'enfant.

Elle dit, dans une langue qu'il ne comprend pas mais dont il ressent toute la puissance :

-Tu t'appelles Ntumba Wa Mulu. Ton grand père avait soigné le prophète Simon Kimbangu. Kimbagu avait promis en récompense à ton Grand père qu'il sortirait de lui un homme puissant. Tu es né après quatre filles. Ta mère a jeûné, prié durant neuf mois pour que Dieu lui donne enfin un garçon. Tu es né de la prière. Je t'ai vu partir pour la France alors que tu étais encore tout petit. Je savais bien que tu reviendrais.

Chapitre 2

Ce qui sépare l'homme du singe est la méditerrané m'avait on dit un jour sur les bancs du lycée. Furieux, j'avais frappé d'un uppercut violent mon camarade de classe. Ce qui, aux dires des enseignants et du directeur était inacceptable. Je fus renvoyé trois jours du lycée.

- Apprends à réagir à la provocation par l'intelligence et non la violence. Pour ton information Ce qui sépare l'homme du singe n'est pas la méditerrané, quoi que tout dépend dans quel sens on se place mais le degré d'humanité et de ce côté-là, les choses sont claires. Si tu veux je peux te donner un livre sur la traite des noirs pour que tu te fasses une petite idée sur la question.

Le professeur Hubert Mukoma, Mon père, enseigne les civilisations africaines à l'université inter âge à Grenoble et tout son monde, ses désirs les plus forts, tourne autour du soleil des indépendances. Ce faux dieu qui selon lui nous avait ébloui pour ne pas dire aveuglé. A Nicolas Sarkozy qui demande à celles et ceux qui n'aiment pas la France d'aller ailleurs il répond qu'il n'aime pas la France, cette frange du pays qui ne regrette pas une seule lettre des crimes contre l'humanité commis sur le continent noir et tout en refusant le moindre repenti crache sur l'Afrique le *discours de Dakar.* Ceci dit, il ne quitterait Grenoble pour rien au monde. Certains jours où le soleil du déjeuner est à son zénith, il déguste sous l'arbre du jardin un verre de vin, rouge. Du bordeaux. Cela lui suffit à ne pas détester la France. A ces frères et amis qui l'encouragent à changer sa nationalité, ce qui représente à leurs yeux une sécurité non négligeable pour les enfants, il rit au nez. Nationaliste panafricain convaincu, l'appartenance à une Histoire n'est pas pour lui quelque chose que l'on peut moquer, troquer.

Enfant, mon père m'avait montré le Congo du doigt. Je n'avais rien vu et mon imagination d'écolier s'était inventé en lieu et place du pays, un doux rêve.

De retour au pays j'ai connu qu'un homme pouvait être jeté en prison et tout perde pour la seule raison que ses accusés avaient payé le juge. J'ai été incarcéré dans une prison militaire et ensuite civile, pour cause de dettes, autrement dit en contradiction totale avec notre constitution qui dispose que nul ne peut être emprisonné pour cause de dette. Dans un pays où le dirigeant d'une société en faillite relève des juridictions militaires et non civiles, la nation est par terre. Voler une chaise en plastique n'est pas un délit. Jeter en prison un pauvre bougre qui vole deux ou trois chaises en plastiques n'est pas un délit. C'est un crime. L'injustice ne paie pas. Elle conduit tôt ou tard à la colère de Dieu. Cette expression peut prêter à sourire, parce que la grande majorité des gens en ce siècle savent que Dieu existe mais ne croient pas en son existence. Selon idrisse, incarcérer au CPRK depuis quatre ans pour tentative d'un vol qu'il reconnait et assume-des biscuits dans un magasin en ville-, Dieu ne peut pas ne pas exister. Et même s'Il ne répond rien à ses plaintes, Il entend. Quand nous sommes au pied de Sa croix, il ne peut pas ne pas nous entendre.

Marie a pleuré au pied de la croix. Les évangélistes ne nous le disent pas mais nous tenons cette réalité pour évidente qu'elle ne pouvait pas ne pas pleurer. *Jésus pleura.* Quand les larmes de dieu sortent des yeux d'hommes brisés, le cœur sonne comme un marteau contre les clous. Quand nous faisons face à des situations qui nous traversent de part en part à la manière d'un glaive nous ne vivons pas mais sommes vécus et impuissants.

J'avais onze ans le jour où ma mère nous a abandonné. Je me souviens comme si c'était hier, ce soir où, elle avait passé toute la nuit sur les marches de la véranda. Assise là, ramassée par terre, comme un caillou sur lequel on aurait donné un mauvais coup d' pied. Il est minuit sans étoiles et à en croire ce qui se lit dans ses yeux, le ciel lui est tombé sur la tête. Elle se souvient de cet accouchement difficile à Kananga en 1981. Un garçon né après quatre filles. Quatre ans d'insultes parce qu'elle ne mettait pas au monde d'héritier. Une ou deux petites minettes passait encore mais quatre d'affiliés était, selon son beau-père, un affront. On lui avait dit qu'elle était une sorcière, que Dieu l'avait vomi. Envers et contre toutes ces injures, elle avait accouché d'un garçon. 3 kilos 7 et pas une demande d'excuse. En ce soir où les mauvais souvenirs faisaient sortir des yeux ces flaques d'eau sales qui salissaient le long de ses joues, le tonnerre en elle, ce silence contenu depuis des décennies, grondait.

Onze ans après les faits, la plaie faisait encore plus mal que le coup qui en était à l'origine. En se relevant ce soir-là, las, elle avait laissé tomber par terre tout ce qui lui donnait la force et le courage d'être mère. Puis, elle avait disparu du jour au lendemain. Elle réapparaissait, pas plus d'une minute, ces soirs où je lui écrivais des lettres.

Je me disais que le jour où maman lirait mon courrier elle reviendrait aussitôt. Je me disais qu'elle ne devait pas être très loin, quand bien même elle fut sur la lune. Je me disais que même si elle ne revenait plus je continuerais d'écrire. En fait je n'écrivais plus pour elle. J'écrivais ces choses qu'Elle mettait dans mon cœur. Je n'écrivais que pour Elle. En vérité Elle n'a jamais détaché mes petites mains de son pagne. Elle s'est donné corps et âme à ce petit chien qui s'est toujours vu refuser plus que les miettes. Quand nous sommes au Pied du crucifié, les larmes qui nous sortent des yeux reflètent mieux qu'un miroir, Sa présence -Marie Mère du Dieu vivant- dans nos vies.

Chapitre 3

A ma sortie du CPRK je n'avais plus d'amis ni d'argent. J'avais tout perdu. D'après mon avocat, l'affaire ayant été réglé au pénal et non au civil, une nouvelle détention pouvait être sollicitée et obtenue par la partie demanderesse cette fois ci au civil. Une contrainte par corps. Nous vivions donc, Ma femme et moi, cachés et apeurés. Marceline était enceinte d'un deuxième enfant. Autant dire qu'elle était souvent nerveuse et tendue. Dans la famille où l'on nous accueillit, les avis sur notre cas allaient tous dans le même sens.

-Cet enfant est maudit. En un jour il a perdu père et fortune. Qu'il meure ou aille au diable, peu importe.

Nous dormions dans une petite chambre obscure et humide. Certains soirs, le sol sur lequel nous dormions était si froid qu'il nous était impossible d'éteindre le moindre petit œil. Le matelas, un pagne en tissus ou lorsque celui-ci était usé, des vêtements étalés par terre, se montait un peu avant minuit et se démontait à six heures du matin. Heure à laquelle, sur ordre du maitre des lieux, toute la maisonnée devait être réunie au salon pour la prière matinale. Puis, chacun vaquait à ses occupations. Après repas, nous sortions Marceline et moi faire les cent pas sur l'avenue. L'air y est doux ce qui suffit à aimer la vie.

-Tu n'as rien mangé aujourd'hui. Me reproche-t-elle d'une voix douce.

-Tu sais ce que j'ai envie?

-Je sais. Une pizza.

-J'ai envie de me mettre une ceinture d'explosive et d'aller me faire sauter au ministère de la justice.

Pour elle, je combattrais le diable en personne s'il le fallait. Son oncle paternel aurait bien aimé la sortir d'un mariage qu'il jugeait honteux et inutile. D'après lui, laisser ce beau bijou dans les dix doigts d'un voleur est une grave erreur. Même enceinte et mère d'un enfant, on aurait toujours pu la remarier à qui de droit, un ministre ou un quelconque homme d'affaire du milieu qu'il fréquente. Pourquoi pas un enfant de bonne famille, quand bien même ce dernier soit encore étudiant. Donner sa fille à un *muluba tshanana,* enrage-t-il, va à l'encontre des sacro saints principes des coutumes ancestrales auxquelles comme la plupart des vieux loups de *dimbelenge* il est attaché plus que la bible. L'oncle paternel avait réussi, assez facilement, à convaincre mon beau père à qui l'on avait promis en lieu et place d'un beau fils endetté et sans le sous, une dote digne des rois du Kasaï. Face aux refus clair et ferme de Marceline il joue son vatout, la colère paternelle devant laquelle, tradition oblige, toute jeune fille luba doit s'incliner. Il argue que son soit disant mari est ni plus ni moins qu'un aventurier et qu'après avoir usé et abusé d'elle il rentrera en Europe, comme font la plupart de ceux qu'on appelle à Kinshasa par envie ou jalousie, *bana na mpoto.* Enfin, à bout de souffle et d'argument il injurie son soit disant mari, ce dernier ne pouvant pas être considérer comme tel, la dote n'ayant pas encore été payée.

-Ton mari est un margoulin. Je le ferais arrêter sur le champ si seulement tu fermais un peu les yeux. Prendre la fille d'autrui et ne pas payer la dote c'est pire qu'un vol c'est un viol.

Tonton habite une belle et grande maison du centre-ville. Candidat malheureux à la présidentielle en 2011, il se console chaque jour dans les bras d'une femme différente. Selon lui, le paiement d'une dote ne souffre aucune excuse. Durant mon incarcération il essaiera à plusieurs reprises d'atteindre et récupérer sa nièce. En vain. Je me suis toujours demander ce qui avait bien pu décider Marceline à miser sur un homme que tout et tout le monde discréditait.

-Pourquoi t'as refusé d'aller dans ta famille. Ton oncle a beaucoup d'argent. Vous seriez mieux toi et l'enfant là-bas. Tout juste le temps que je me remette debout.

Elle ne répond rien. Marceline est tout mon inverse. Elle parle peu et ne se plaint jamais. Je lui propose une nuit folle dans un hôtel pas cher ce à quoi elle répond non sans ironie :

-je n'ai pas envie de faire l'amour. Je veux manger du poulet.

-Ok ! Admettons que j'arrive à en trouver un ou deux morceaux. Arriverons nous jusqu'à cette chambre d'hôtel?

D'une voix taquine elle me rappelle que sa beauté est sans égal dans la ville. Son corps vaut tous les sacrifices qu'un homme peut faire. Une reine ne va pas dans les hôtels. Puis, d'une voix câline, elle me promet mille et une nuits dans ses paradis si et seulement si je lui construis un château. A prendre ou à laisser! Je prends.

C'est à cette période de notre vie, abattus et impuissants que nous avons fait la connaissance des hommes d'affaires du plein évangile. Les gens du full gospel nous ont raconté la bible avec nos propres maux. Des mots de poésie. De ces choses qu'on ne peut entendre que quand on a faim. Ne pas manger pendant deux jours c'est avoir faim de Dieu. Le besoin d'une nourriture physique existe bel et bien mais pour peu que l'on creuse un peu ce besoin, on découvre un tout autre désir. Un appétit qui ne se nourrit pas de pain, qui ne se contente plus des vanités.

D'après le président du pool, le *vieux Bata*, Dieu peut tout. Il peut permettre que son enfant tombe dans la boue pour se poser les questions qui, les unes après les autres le ramèneront à Lui. Le premier pas dans cette course folle contre la mort, est somme toute assez simple, se laisser tomber. Devant la croix. Et reconnaitre jésus christ comme son seigneur et sauveur.

-Si tu fais cela tout ne s'arrangera pas en un jour pour vous, mais rien de ce que vous traverserez comme épreuve ne vous détruira. Dit le serviteur du Dieu Très Haut. Son épouse, maman Bata, nous exhorte partout où elle nous croise. En pleine rue ou à la sortie du temple :

-La manne ne tombe plus du ciel mais de la croix.

Ma Bata aime Jésus. De tout son cœur, de toute son âme, de toutes ses forces. Quand elle parle du merveilleux *El Shadai*, sa voix tremble. Chaque mot pèse lourd. Le poids du respect et d'une admiration profonde au Maitre.

-Le docteur m'avait dit que je ne pourrais jamais avoir d'enfant. J'ai toujours voulu avoir des enfants. J'ai crié pendant dix ans à l'éternel. Dieu m'a donné un petit garçon. Mais Dieu ne donne rien sans rien. J'avais des miosmes qui rendaient l'accouchement difficile et dangereux. J'ai enfanté dans les douleurs. Dis-toi bien ceci, quand tu souffres tu participes aux souffrances du christ.

Quand un homme tombe à l'eau, coule et veut vivre, il appelle au secours, se débat et son cœur s'ouvre à tout ce qui ressemblerait à une aide. Dans l'état actuel des choses il ne s'agit pas de savoir si la main tendue peut réellement vous tirer d'affaire. On s'accroche à tout ce qu'on peut. Il y a si peu de choses auxquelles on peut s'accrocher quand on coule. Et lorsqu'on y parvient, on ne s'en détache plus. Le *vieux Bata* affirme haut et fort, qu'Il est celui qui appelle à l'existence des choses qui n'existent pas. J'ai cru en cette parole avec toute la force que le désespoir peut donner à un damné.

Dieu a brisé mon courage. Les seules lois auxquelles J'ai toujours cru étaient les miennes. Adolescent, j'étais connu et craint pour mes coups de folie. J'aimais la bagarre et les sports violents. Bouba est venu me chercher un jour à la sortie du collège, accompagné d'amis. Six en tout. Il me reproche d'avoir bécoté sa petite copine. Je lui explique, mains dans les poches, que les choses sont allés bien plus loin. Apres m'avoir passé à tabac avec sa petite bande, il me demande si j'en veux encore. Je lui propose un duel. Il ne comprend pas comment, dans mon état, je puisse encore vouloir me battre. Pousser par les cris des spectateurs qui réclament un nouveau round, il accepte. Le combat est tout à son avantage. Mes yeux sont tuméfies, le nez cassé, la jambe fait mal. Je parviens sans trop d'effort à bloquer sa petite tête contre ma poitrine, lui mordre l'oreille jusqu'au sang. Il hurle de douleur. Je viens de lui arracher un petit bout d'oreille. Deux jours après ce combat, ma réputation est faite et mon nouveau nom connu dans toutes les classes du lycée, *le vaillant*.

Dieu a brisé le vaillant. Il m'a humilié comme très peu d'hommes sur terre ont été humiliés. A bout de souffle, il a mis dans ma bouche le gout des épreuves. Je ne me serais jamais cru capable d'endurer avec autant d'amour, les coups de la faim, les coups de la honte, les coups du désespoir. Qui n'a jamais mendier sa nourriture ne peut pas comprendre ce que cela représente d'être bloquer au bas d'une échelle sociale.

Chapitre 4

Le full gospel m'a donné mon premier job. Assistant de direction près le directeur général d'une société en ville spécialisée dans la fabrication et vente d'huile. La société du frère Marcus, un membre éminent du plein évangile, possède une usine dans le quartier industriel à Limete. Le patron est généreux à certaines heures et radin la plupart du temps. D'après son chauffeur personnel, ses colères, violentes et inattendues ont déjà mis à la porte une dizaine d'ouvriers en moins d'une année.

Un mois après notre première rencontre et satisfait du rendement, Marcus m'amène dans un magasin du centre-ville. Il m'invite à refaire ma garde-robe qui selon lui est une honte. Du shopping au restaurant, le capitaine d'industrie est d'humeur festive. Les Plats se suivent et s'accumulent sur la table. En plus du dessert, il me promet une avance sur salaire. Suffisamment d'argent pour me payer une garantie locative.

Tous ces petits cadeaux ont un prix. Du matin, 08h30 au soir, 20h30, l'assistant suit le Directeur partout. Au bureau l'ambiance est tendue. Le patron ne supporte pas les mauvaises nouvelles. Que celles-ci soient d'ordre familial ou professionnel. Il crie sur tout ce qui bouge dans son petit monde, le téléphone qui ne s'allume pas, un employé arrivé une minute en retard, sa femme lorsqu'elle ne le comprend pas. Personne ne le comprend, pas même son assistant ce qui le rend amère et insupportable.

-Pour la première fois dans l'histoire de l'humanité, l'homme le plus puissant du monde est noir. Le jour où il a été élu je dois reconnaitre que moi aussi j'ai dansé. Et toi David, est ce que tu as dansé pour barack?

D'après le Boss, barak a déçu ses Dieux. Marcus est catégorique. Obama n'a pas été élu par les américains mais pour l'Afrique. Comment expliquer que malgré tout le sang d'esclave dans ses veines, Il n'ait rien fait pour le continent noir. Mille ans après sa mort, les gens auront sûrement oublié son nom mais se rappelleront de cet homme à qui l'on avait donné les pleins pouvoirs pour soulager quelque peu ses frères et qui, durant dix ans, n'avait rien fait pour eux.

Notre nouvelle maison se situe dans la commune *kimbanseke s*ur l'avenue *la rivière.* L'endroit porte bien son nom. Les jours où la pluie tombe du matin au soir, l'avenue se transforme en une rivière. Qui déborde et inonde les maisons alentours. L'eau pénètre dans l'appartement et monte, monte jusqu'à hauteur des genoux. D'après notre voisin, l'année dernière, les inondations ont tué beaucoup d'innocents. Pendant la saison des pluies, Les eaux sales et puantes peuvent monter jusqu'au plafond. Il vit ici et comme ça depuis dix ans.

Marceline est dépitée. Que se passera-t-il le jour où les eaux monteront jusqu'au plafond durant mon absence.

Les caprices et autres petits cris aigus des fillettes l'insupportent. Elle cherche et trouve mille et une excuses pour laisser libre cours à sa colère. La dote n'a toujours pas été payer. Quelle honte ! Certains soirs elle laisse entendre que si les choses continuaient dans ce sens elle rentrerait chez ses parents. Je ne dis mot. Ce qui l'exaspère. Quoi que je dise elle ne veut rien entendre. Je lui rappelle que même si nous dormons toujours par terre, l'achat d'un matelas n'étant pas une priorité dans nos dépenses urgentes, nous sommes chez nous. S'ensuit Un noël sans cadeaux pour les enfants et une nouvelle année qui commence mal : réduction des effectifs à l'usine. La reprise prochaine du travail est une promesse qui sonne creux. Retour à la case départ. Chômage et soucis. Dans Trois jours peut être quatre si nous gérons au mieux, il n''y aura plus d'huile dans la bouteille. Quel sale temps.

-Qu'est ce qu'on va devenir?

Demande-t-elle d'une voix qu'elle n'a jamais utilisée auparavant. Les mots sortent d'elle, tremblent et retournent dans sa bouche avec le gout du venin. Elle a posé une main, la droite, sur sa joue et refuse que je la lui retire. Mes histoires à dormir debout, *job* entre autre, ne l'intéressent pas. Cet homme n'a peut-être jamais existé lâche-t-elle comme un sanglot.

-Pasteur va prêcher ailleurs. Même si ce que tu dis est vrai, même si comme tu l'affirmes, ton rédempteur se lèvera à la fin laisse-moi te rappeler que dans deux jours c'est la fin, dans deux jours nous n'aurons plus rien à manger.

Elle aurait bien préparé et manger un fufu chaud avec du sel mais la farine manque. La faim, quand elle ne tue pas, fait si mal. Pour distraire les fillettes, Marceline lit, relit job et conclue qu'elle n'a jamais rien entendu d'aussi beau. Elle dit : Notre rédempteur se lèvera. Dans ce qu'elle dit j'entends que notre rédempteur s'est déjà levé. Comme un soleil après la pluie.

Quelques mois plus tôt j'avais mis en vente la maison familiale sur l'avenue kasa vubu. Les acheteurs qui visitaient l'endroit repartaient tous séduits, promettant qu'ils reviendraient très prochainement pour l'achat. Mais, au fil des mois, toutes les maisons du quartier en vente, avaient été achetées sauf la nôtre, qui pourtant était mieux placée. Ce qui avait fait dire aux mauvaises langues que cette vente ne se ferait jamais.

La petite sœur à ma grand-mère paternelle vivait dans cette villa depuis vingt ans. Coco mafuta était connue dans toute la famille pour ses hauts fais de sorcellerie. Tout en me donnant les pleins pouvoirs pour la vente, mes oncles résidant en France m'avaient conseillé d'être extrêmement prudent dans cette affaire. Selon tonton Antoine il fallait louvoyer et faire croire à la vielle sorcière qu'après la vente je lui payerai une nouvelle maison. D'après tonton Hervé, il était préférable d'éviter tout contact avec ce vieux démon.

Mafuta avait promis à Marceline qu'elle percerait mes épaules si je ne renonçais pas à vouloir vendre *sa* maison. Pour ne pas s'attirer les foudres du diable, Mes frères et sœurs avaient refusé que leur nom soit cité dans cette salle affaire. Envers et contre toute attente, la villa fut vendue deux cent mille dollars, L'argent placé sur un compte à mon nom. Et ce, quelques jours seulement après mon licenciement sans indemnité. La fille de *Dimbelenge* lit dans les mots de *job* nos propres maux. Sa conclusion est sans appel :

-job c'est nous.

Du poulet rôti, des frites et du coca cola. Des yaourts à la fraise. Si peu de choses pour refaire son monde. Marceline compte et recompte les billets avec des yeux plus gros que d'habitude. Elle n'en a jamais vu ni eu autant dans les mains. Elle jubile. Sa joie est pleine. Elle sort d'on ne sait où un petit stylo et sur un papier arraché à la va-vite d'un bloc-notes, rédige une petite liste d'achats. Des vêtements neufs, un ou deux bijoux, une jolie petite poupée, des robes aux princesses, la dote pour papa. Une semaine après avoir dévaliser les magasins en ville nous quittons Kinshasa pour Lubumbashi. Dieu nous a mis au large.

Chapitre 5

Dans l'avion qui nous conduit à Lubumbashi, Marceline sourit à tout et tout le monde. C'est un nouveau départ qu'elle veut cette fois ci, joyeux sans tache. Nous aménageons dans le quartier bel air, à dix minutes du centre-ville. Une petite maison pas chère du type chambre-salon. Les toilettes sont à l'extérieur dans la cour. Nous n'avons rien ou si peu mais nous avons la conviction que Dieu est avec nous. Nous n'avons jamais eu autant d'argent depuis ma sortie du CPRK. La nouvelle de notre enrichissement est arrivée si vite à Kananga que son grand frère résidant à Lubumbashi est venu nous accueillir en personne à l'aéroport. Tutu robison, Grand comme un basketteur *NBA,* teint claire, ressemble à tous ces baluba résidant au Katanga, maigre et pauvre. Il travaille dans une ferme pour un salaire de misère. Il vit dans les quartiers pauvres situés à trente minutes du centre avec ses deux femmes et ses six enfants. Il compare sa petite sœur à la reine Esther. Tous les espoirs des *bakuetu* reposent sur ses épaules. En mariant un européen, Dieu l'a fait reine. Tutu Robinson demande au roi une petite aide financière pour une affaire sur laquelle il travaille maintenant depuis des mois. Acheter du poisson salé en Tanzanie et le revendre dans la capitale du cuivre. C'est rentable jure-t-il si fort que les yeux diraient on vont lui sortir de la tête. Dans six mois, pas un jour en plus insiste-t-il tout en ouvrant six grands doigts qu'il compte un à un, il remboursera ce prêt avec intérêt si nécessaire. Il ne me quitte plus du regard. Un regard qui menace et supplie. Tutu robinson est prêt à tout pour avoir six mille dollars.

Tutu ne nous croirait pas si je lui disais que notre solde actuel ne dépasse pas mille dollars. Une grosse partie des sous ayant été utilisé pour rembourser les crédits contractés pour la réalisation des documents parcellaires et autres démarches. Nos frais de voyages, d'installation à Lubumbashi ont réduit considérablement nos petites économies. Nous ne pouvons lui offrir que Trois cent billets. Ce qu'il accepte. Comme une avance sur ce que je lui dois.

Dans la soirée, il appelle ses frères et sœurs à Kananga pour accuser la petite dernière d'être devenue radine. A n'en point douter elle n'est qu'une marionnette entre les mains d'un grand sorcier. Ce beau frère qui veut tout manger tout seul. Quelques jours après ce premier contact il revient à la charge. Cette fois ci au nom des *Bakuetu* père, mère, frères et sœurs. Tutu insiste sur le fait qu'une réponse négative serait très mal perçue et entrainerait des conséquences graves. La cadette joue la carte familiale et me supplie de ne pas envoyer leur part d'héritage à mes frères et sœurs, en France.

-Ils ont toujours refusé d'être mêler à cette affaire. Certains d'entre eux avaient même accepté de te céder leur part. Tu as fait tout le travail tout seul. Cet argent te revient. Je ne dis pas que tu ne dois pas leur envoyer un petit quelque chose mais que si tu leurs envoies tout l'argent, si tu leurs envoies cet argent que dieu a mis dans nos mains pour nous permettre de prendre un nouveau départ nous allons souffrir dans ce pays. Nous allons nous retrouver sans rien dans un pays où nous ne connaissons personne. Je ne veux plus souffrir.

J'ai envoyé l'argent. Par défi, par dépit, parce que Je pensais, à tort, qu'après avoir fait cela, nous pourrions faire la paix. L'idée d'entrer en guerre avec la famille autour des biens paternels était une idée que j'avais toujours combattue. Après le décès du prof, ma mère avait fait main basse sur tous ses biens immobiliers au bénin. Deux millions de dollars américains investis dans la pierre pendant quinze ans. La cité construite par mon père a takon, abrite un centre médico-social, une école primaire, un orphelinat, des maisons d'accueil pour les touristes, une petite ferme et tout le mobilier utile et nécessaire pour ce genre d'activités. Papa avait investi tout son temps, son énergie et argent pendant quinze ans dans cette affaire. Il en était si fier qu'il en avait fait sa résidence secondaire. L'idée de continuer le travail commencer par le *prof* était intéressante. Ma mère s'y était toujours opposer. D'après Mel, si je voulais avoir avec elle une relation mère fils normale, il fallait avant tout que chacun reste à sa place sans empiéter sur le territoire de l'autre. La cité lui appartenait en son entièreté et vouloir remettre en question son autorité sur ces pierres revenait à lui déclarer la guerre. Que faire ?

Comme Marceline l'avait prévu, nos petites économies ont fondu comme neige au soleil. D'ici une semaine ou deux nous retournerons à la case départ à ceci près que cette fois ci nous vivons dans une ville où ni elle ni moi, ne connaissons personne. A part tutu robinson qui, menace et jure, qu'il me fera fuir Lubumbashi si je m'entête à ne pas vouloir décaisser. Marceline compte les quelques jours qui nous séparent du dernier repas. A haute voix. Sur un ton grave et méchant.

-Alors c'est quoi le plan B ? Tu vas appeler tes frères et sœurs pour leur demander de renvoyer l'argent, ou mieux : on va manger l'herbe du jardin.

Le plan B c'est jamel. Un homme d'affaire tunisien rencontré sur internet dans mes recherches d'opportunités d'affaires. jamel est directeur commercial pour un groupe spécialisé dans la fabrication et commercialisation des préformes. Mon offre, prospecter le marché des préformes en RDC l'intéresse. Je travaille sur ce dossier, en secret depuis plusieurs mois. Apres avoir reçu une étude du marché détaillée, la direction du groupe l'envoie deux semaines à Lubumbashi pour rencontrer tous les chefs d'entreprise spécialisés dans les préformes.

Trois jours avant la fin du stock alimentaire en fufu, jamel débarque à Lubumbashi. L'ambiance est à la fête. Selon Marceline, dont le sourire s'allume sur tout le pourtour des lèvres, on ne pouvait pas rêver mieux comme nouveau départ.

A peine arrivée dans la capitale du cuivre, le tunisien exige qu'on le conduise aussitôt dans les coins chauds du centre-ville. Il veut boire, se saouler, danser et s'amuser avec ces jeux dont les grands enfants raffolent. Marié et père d'une petite famille -un garçonnet et une fillette- il aime sa femme assure-t-il d'un ton coupable avant de reprendre sur un ton joueur que l'amour ne rime en rien avec fidélité.

Lors d'une virée nocturne il fait la rencontre d'un jeune lushois qui lui promet toutes les femmes du pays à commencer par sa propre grande sœur. Pour s'attirer les bonnes grâces du maitre, le petit jimy a convaincu dada Eugénie, d'écarter ses cuisses et toute autre partie du corps que le maitre jugera utile. La jeune fille, jolie sans pour autant être jolie, sait que son sexe est un fétiche redoutable. Elle connait bien l'homme et tous ses petits caprices qui font son bon plaisir. En échange d'un billet -vingt dollars- et une promesse de mariage, elle se donne et redonne toute la nuit.

Mes interventions auprès du petit macro pour faire cesser ces jeux contre nature irritent grandement jamel. Le travail ne l'intéresse plus et mes leçons sur la morale des affaires l'indisposent. Il me raconte ses voyages précédents en Afrique où un soir, toutes les prostitues à douala au Cameroun se sont réunis devant sa chambre d'hôtel. Pour ne plus entendre mes remontrances qui lui tapent sur le système nerveux, il quitte sa chambre d'hôtel pour un endroit qui m'est inconnu. Ses nouveaux amis lui ont trouvé une maison où le jeu peut devenir folie.

Deux jours avant l'expiration du visa il m'invite au restaurant. D'une voix toute gentille et douce il réclame son passeport. Mon rapport sur la prospection à Lubumbashi sera étudié dès son retour en Tunisie. Le pays lui manque. Sa femme et ses enfants ne supportent plus son absence. Il aurait bien aimé prolonger son séjour d'une semaine ou deux pour la petite lydia, sa dernière rencontre en date, mais personne, pas même son patron ne l'accepterait. Son petit discours est léger et révoltant. Ce qui agace Marceline.

-Surtout ne lui donne pas son passeport. Il ne doit pas quitter le pays avant de t'avoir payé quelque chose, si il part sans rien donner il ne te donnera jamais rien. Tu as travaillé six mois avec ton propre argent dans cette affaire. Comment peut-il l'oublier.

C'est logique et somme toute assez vraisemblable. Pourtant Elle lit dans mes yeux, un refus total du recours à la violence. Par dépit, elle plaide pour ses enfants.

-Si tu ne le fais pas pour moi dont tu te fous complètement fais le pour tes filles, sois responsable. Notre caisse sera vide dans un ou deux jours.

J'ai remis son passeport à jamel. Deux jours plus tard la caisse est vide. Marceline se demande si comme sa famille l'affirme son mari ne serait pas sorcier. Elle raconte à voix haute assez haute pour que tous les voisins l'entendent, toutes ses souffrances.

-Tu me traites mal. Je suis l'enfant d'autrui. Mon pot de crème est vide. Je ne suis pas allé chez le coiffeur depuis des mois. Un jour on mange un jour on ne mange pas. Regarde comment j'ai maigri. Si mon père me voyait dans cet état il te tuerait.

-Arrête de te comporter comme une petite fille du village. La réussite d'un mariage dépend de ce qu'on y met. Si tu t'es marié avec moi pour l'argent eh bien je peux comprendre que ce mariage t'embête.

-Merci. Je suis villageoise et j'accepte. Et toi tu sais ce que tu es. Tu es du caca. Même ta propre mère ne veut plus entendre parler de toi.

-J'aurais du suivre les conseils de tout le monde et rentrer à bordeaux. J'en aie marre, t'es jamais contente même quand je fais tout pour te rendre heureuse.

-Tu peux partir à bordeaux on s'en sortira mieux sans toi. Je laisserais les enfants chez ma mère et je me remarierais. Le grand frère à ma mère est général. Il me trouvera un homme, un vrai.

La colère sous pression produit des querelles qui bien souvent conduisent à la violence. Une claque. Le coup est parti trop vite. Je regrette déjà cent fois mon geste. Elle s'en va. Mon cœur bat la chamade. Si elle ne revenait plus tout s'en irait. Je la poursuis. Elle court et traverse la rue comme si les voitures n'existaient pas. Il pleut des cordes. La pluie, d'une extrême violence, tombe pour faire mal. Des coups de pluie dans les yeux. Je la vois et l'appelle mais elle ne répond pas. Elle pleure sous la pluie. Elle ne pleure pas. Je la rattrape avant qu'elle ne s'échappe. Elle se débat et rend coup pour coup.

-Tu ne me mérites pas. C'est fini. Je ne veux plus jamais te voir. De toute ma vie. C'est fini.

Je refuse de la laisser aller. Si elle s'en allait, nos souffrances n'auraient plus aucun sens. Et les vœux qui font battre nos cœurs n'auraient plus aucun gout.

-Attend. Avant que tu partes je veux te donner une bonne raison de partir.

- Tu viens de m'insulter. Villageoise. En fait tu viens d'insulter mon père et ma mère. J'ai déjà une bonne raison de partir.

-Je te demande pardon.

-C'est trop facile.

- Ecoute, je ne sais pas ce qui m'a pris mais je pense qu'on devrait rentrer à la maison, je vais aller nous acheter un truc à manger et ensuite on va voir ce qu'on fera.

-Rentrer à la maison pour que tu me frappes encore. Je ne suis pas un ballon de foot. Ce soir même mon père sera mis au courant et demain matin première heure il viendra te couper la tête.

-Et tu sais ce qu'on écrira sur ma tombe. On n'écrira rien du tout.

Le vent balaie son regard. Elle a *le regard revolver*. Elle a, dans les yeux, le dernier sourire du *prof.*

-Si tu me laisses tomber je vais me faire très mal, y a plein de trucs en moi qui font déjà si mal. Il faut réparer tout ça et toi tu peux parce que t'es une fille bien. Tu sais quand j'étais jeune j'avais un groupe de rap. On chantait des trucs du genre *I aint got time for bitches.* En Europe tu peux jeter une tarte à la crème sur la tête du président et tout le monde en rira. Le président aussi. En France un enfant peut dire à son père d'aller se faire voire chez les grecs. Je te demande pardon si ma bouche dit souvent des choses qui ne sont pas très gentilles. J'ai grandi dans un pays où la liberté conduit à la licence et la licence à la vulgarité.

Nous sommes seuls sur le trottoir. Les voitures sur l'avenue foncent à toute allure et au passage nous éclabousse.

-Tu vois ma vie, c'est depuis le début un enfer. Je vois et vis des choses étranges. Je ne comprends pas ,je fais des choses que je n'ai pas envie de faire mais je les fais quand même et après je vis dans le regret. vivre comme ça pendant trente ans ça fait mal tu sais.

Attentive et prudente, elle écoute, entre les gouttes d'eau tombée du ciel, elle écoute.

-Tu sais je ne suis pas venu au Congo en avion. Je suis rentré au pays en bus. J'ai traversé l'Espagne, le Maroc, là on m'a mis au cachot parce que je n'avais aucun visa. Ensuite les marocains m'ont jeté à la frontière avec l'Algérie. J'ai traversé le désert du Sahara. C'est si beau le Sahara. La nuit t'as plein de trucs dans le ciel qui font jolie. Du Niger à Brazzaville en passant par le bénin, le Nigeria et le Cameroun j'ai beaucoup pleuré. Je te passe les détails. Les gens que je croisais en chemin me prenaient tous pour un fou : quitter la France pour le Congo. Ils étaient prêts à mourir dans la méditerrané pour arriver en Europe. Je suis le premier congolais à avoir traversé le désert pour rentrer au Congo.

Elle aimerait éteindre le son de la pluie pour mieux entendre. Elle aimerait comprendre ce qui se lit sur mes lèvres qui ne remuent pas comme d'ordinaire. Tout en elle, le battement du cœur, la pression au niveau des artères, est revenu à la normale. De temps à autre, d'un revers d'une main froide, elle essuie son visage que la pluie caresse à grosses gouttes.

-j'ai passé mes premières années à Kinshasa chez coco dada. Crois-moi ou pas, je vendais des cartes de téléphone devant la parcelle. On m'avait prêté une petite table en plastique, un banc en bois et un gros parasol pour me protéger du soleil. Mais tu sais le soleil du

Congo certaines après-midi est complètement fou. Il touche et brule comme la chicotte. Le plus dur à encaisser ce n'est pas la chicotte du maitre soleil mais les flaques d'eau en plein visage quand une voiture se gare juste en face de ton stand.

Marceline ne connait pas cette histoire. Il ne fait aucun doute que si son père l'avait connu, il n'aurait jamais marié sa fille à cet homme.

-Et puis un jour mon père est venu à Kinshasa. Lui et moi ne nous parlions plus depuis plusieurs années. Coco dada l'avait appelé pour lui dire que j'étais gravement malade. Deux mois plus tôt, ma grande sœur s'était jeté du haut d'un pont à new York alors papa a eu peur de perdre un enfant en plus.

Et La colère s'en va. Ses yeux ne *pleuvent* plus.

-Papa a créé à Kinshasa une filiale de sa société en France. Il m'a nommé directeur général de cette SARL. La vie de rêve. Un appartement à mille dollars par mois, une jeep avec chauffeur. C'est alors que nous sommes partis à Kananga. Il voulait que je trouve une *mwana kweu*. D'après lui, si je ne devenais pas un tout petit peu plus Africain, je deviendrais comme tous ces touristes qui viennent en Afrique pour se piquer les veines avec du sensationnel. Il disait que le cœur d'une femme noire est un piège et ses mais des liens dans lesquels on ne peut plus aimer autre chose que l'Afrique. Il avait raison. Je suis allé dans mon village, *bena banza,* six heures en moto. Toutes les filles qui m'avaient été présenté pour le mariage ne me plaisaient pas. Certaines d'entre elles étaient très jolies mais aucune d'entre elles n'avait créé en moi le déclic. J'avais demandé à mon père en quoi consistait le déclic. Il m'avait répondu que le jour où je serais face à la femme de ma vie je le saurais.

Elle sourit. Légèrement pour ne pas faire croire qu'elle a déjà tout oublier. La petite bagarre est loin d'être terminée. Pour l'heure, elle se contente d'écouter.

-La suite tu connais. La seule personne qui m'aimait vraiment est décédée d'une crise cardiaque. Les créanciers de la société m'ont jeté en prison. J'ai tout perdu sauf toi.

Elle opine du chef. Cette histoire est si triste.

-J'ai besoin de toi. Tu n'es pas une villageoise, tu es le dernier cadeau que mon père m'ait donné avant de mourir. Si je t'ai raconté tout ça c'est pour que tu comprennes bien ceci: je ne rentrerais jamais à Bordeaux. J'ai tellement souffert pour arriver jusqu'ici. J'ai tellement souffert dans ce pays que je ne lâcherais ce pays pour rien au monde. En tous cas pas avant qu'il ne m'ait rendu le centuple de tout ce que j'ai perdu. Que ma mère refuse de me donner ma part d'héritage cela ne me tuera pas. Ce qui me tuerait c'est de me dire qu'en fait personne ne peut m'aimer. Personne ne voudra jamais m'aimer. Si tu partais... Ne pars pas. Tu es si forte et moi si fou que si nous avançons ensemble, la fortune ne pourra pas nous résister bien longtemps.

Elle ne pleure plus. Son cœur est satisfait. Elle voit dans mes grosses larmes qui se détachent entre chaque battement des cils, que je l'aime. D'un pas lent comme si la pluie ne tombait plus que pour nous applaudir, nous retournons sur planète-misère.

Chapitre 6

La situation sociale à Lubumbashi s'aggrave. La crise politique entraine une hausse des prix qui vont du simple au double. Les denrées alimentaires de première nécessité sont devenues rares et chères. Les pauvres se nourrissent difficilement. On mange comme on peut. On bricole des petits plats sans gout et puis c'est tout. La crise alimentaire est sans précèdent dans l'histoire du Katanga. La dévaluation monétaire fait craindre le pire : famine ou guerre civile.

Le pasteur kalabo lui est confiant. Dieu est fidèle. Il nous appelle dans ces moments de doutes et reniements à tout lâcher pour nous laisser toucher. Tout lâcher c'est tomber et se faire mal. Marceline ne veut pas prendre ce risque.

Elle exige que nous rentrions en urgence à Kinshasa ou au bénin, quitte à trainer maman au tribunal. Pour sauver ses petites du feu, elle tuerait sa belle-mère avec tout ce qui lui passerait par les mains. Elle ne comprend pas qu'un homme puisse reculer devant sa mère. Devant son bon droit. La vie n'est pas un long fleuve tranquille. A certains endroits du cours d'eau il faut être violent. Les faibles sont des petits chiens. Enrage-t-elle.

Elle est devenue sourde à toutes mes explications. Je lui raconte qu'Il a appelé à l'existence des choses en moi qui n'existaient pas. Elle se moque et m'insulte. En tshiluba. Je lui réponds que dans la vallée de baca, *Isaac* a semé. Il ne doute pas. Du moins pas assez pour tout remettre en question. Son père est mort et tous les biens auxquels il avait droit lui ont été arrachés. Il voudrait bien fuir la famine mais quelque chose en lui, le retient. Il se dit en lui-même, qu'il n'est pas un enfant comme les autres. Dieu l'a prédestiné, appelé, justifié. Les démons de minuit ne peuvent rien contre ça. *Isaac* a semé, pleuré. Il se sent si petit et en vérité, est invincible.

Sa colère, sous pression, produit des mots de disputes.

-Je vais te dire ce que tu es. Tu n'es pas *isaac*. Tu es incapable de nourrir tes filles et ta femme. Tu es irresponsable, tu me dégoutes. Je maudis cent fois le jour où mon père a accepté que je parte avec toi. Va tous les jours à l'église si cela t'amuse mais dis-toi bien qu'un jour en rentrant de l'église tu trouveras la maison vide.

C'est à cette période que j'ai commencé à écrire mon premier livre, *la vie des hommes*. En vérité je n'ai pas écrit mais crié. Le cri du pauvre ne s'entend pas. *Il n'y a pas de justice pour le pauvre*. La seule justice auquel le pauvre ait droit est son cri. Quand le pauvre écrit contre sa pauvreté, il y a, dans tous ses mots, le bruit d'une poésie. Il y a, dans cette folie des maux, ni plus ni moins que sa vérité. Vivre dans l'injustice, Ecrire pour la justice. Telle est sa vérité. *Il n'y a pas de justice pour le pauvre*. Pour lui, il n'y a que Dieu.

J'ai écrit *la vie des hommes*, ces hommes à qui l'on a tout pris et qui dirait on brule mais qui en vérité brillent, parce que j'avais envie d'écrire l'Afrique autrement que comme l'écrivent les chiens et les loups. J'ai écrit ce que mes yeux ont vu, ce que mes mains ont touché, ce qui a déchiré jusqu'au sang mon ouïe si fine et fragile : l'enfer du Congo. J'ai écrit pour Marceline et les petites. Le papier ne nourrit pas les enfants mais les écrits restent. Un jour ils liront et verront que je les ai aimées. J'ai écrit par ce qu'après avoir bu la ciguë jusqu'à la lie, Je ne pouvais pas ne pas crier.

-pourquoi tu n'essaies pas de trouver un travail en ville, même gardien de maison. Puisque tes diplômes ne te servent à rien tu devrais te servir des mains.

Je me dis et affirme que Vivre c'est écrire pour la justice. On ne peut pas changer un agneau en loup mais on peut casser les dents des loups, en habillant les agneaux de gloire et de magnificence. Quand on écrit comme un esclave le ferait pour la justice, les chaines aux pieds tombent.

-si ta mère avait demandé le divorce à ton père c'est bien parce que comme toi ce devait être un homme irresponsable.

Pour la noël, Caritas nous a donné un poulet et du riz. 10kg. Le nouvel an est un jour comme tous ceux qui veulent nous tuer. La famine ne sourit plus. La mort ressemble donc à cela ne pas manger pendant deux jours. Marceline, mordue à mort se laisse tomber dans mes bras. Je me dis que si elle mourrait par ma faute, j'entrerais au paradis avec une ceinture d'explosive.

-Sois forte ça va passer.

Elle sourit et pleure.

-Ne pleure pas s'il te plait. Fais-moi confiance je vais arranger tout ça.

-Dieu n'est plus avec nous.

-Non ne dis pas ça. Nous sommes dans *la vallée de baca.*

Elle se dit en elle-même que cet homme à qui son père l'a marié est fou. Elle ne s'explique pas le fait que son cœur, son petit cœur de petite fille à papa ne bat plus que pour lui. Monsieur le français.

-Regarde un peu ce que je vois. Apres la pluie c'est Le soleil du Congo.

-Tu promets tout le temps des choses que tu ne réalises jamais.

-Je te promets que tu auras une jolie petite alliance en or.

-Que tu revendras ensuite.

-Je te promets que celle-ci je ne la vendrais pas parce que cette fois ci nous serons béni comme dieu n'a jamais béni personne dans ce pays.

Une lueur d'espoir s'allume sur son visage. Elle parle doucement comme quelqu'un qui revient à la vie.

-Promets-moi aussi que tu achèteras une maison à mon père.

-Promis.

-que tu donneras du travail à tous mes frères.

-là je ne peux rien te promettre parce qu'ils sont tellement nombreux. Je te rappel qu'ils m'ont insulté, menacé et ont envie de me tuer.

-promet.

-Promettre que je donnerais du travail à 24 personnes qui veulent me faire la peau c'est difficile.

-promets.

-promis.

Elle se lève d'un bond, disparait puis réapparait avec son petit carnet secret. Elle possède ce livret depuis le premier jour de notre rencontre. Le livre où tous ses secrets sont écrits, est entouré d'un gros élastique qui selon elle, ne peut être enlevé que par sa main.

Sur la dernière page du livre, elle note une à une, les promesses qu'elle vient d'arracher. En bas de page, je signe et, satisfaite, elle referme sa bible qu'il m'est interdit d'ouvrir sous peine d'être sévèrement sanctionné. Un jour, promet-elle, je te laisserais lire une ou deux lignes. Je connais déjà la première page. Elle a dessiné un gros cœur et en son milieu, deux têtes d'amoureux. Une, toute noire et grosse avec un nez comparable à une trompe d'éléphant. L'autre, petite et claire, ressemble à une rose.

Chapitre 7

Lubumbashi-jolie : plus un seul dollar en poche. La charité chrétienne a des limites. Monsieur l'abbé nous explique, avec humour et douceur, que si l'église distribuait tous les jours du riz et des poulets, le pape finirait par mettre la clef sous la porte. Si j'étais quelque peu courageux je serais allé voler à manger dans les boutiques laisse entendre Marceline. Elle, n'est pas courageuse mais a du génie. Elle réunit en un petit tas au centre de la table toute la nourriture qu'il nous reste et invente mille et un plats. Dans sa petite cuisine, elle ressemble à une magicienne. Une sauce sans tomates composée essentiellement d'huile, agrémentée d'un petit piment. Avec des poussières de farine réunis ici et là elle prépare non sans magie, un fufu chaud. Nous mangeons devant la télé. Du fufu et de l'huile. Au journal du soir, un ministre d'état explique que le taux de change est stable, la situation macroéconomique n'a jamais été aussi bonne. Le petit homme tout noir et grassouillet se félicite du taux de croissance qui selon lui, est un record dans la région.

-kabi ! Crache-t-elle sur l'écran.

Si elle pouvait mettre sa main dans la télé, elle l'en ferait sortir pour le donner à manger à ses enfants. Les fillettes boudent le repas. Maman leur donne à manger par force. Ce diner aux chandelles de la misère est si triste que mes larmes n'arrivent pas à sortir des yeux. Nous vivons en dessous du seuil de pauvreté. Je ne comprends pas. Je ne veux pas comprendre qu'il existe en ce monde, des gens, hommes, femmes et enfants, qui doivent vivre avec moins d'un dollars par jour.

La petite magicienne me prévient que demain, sa baguette magique ne pourra plus rien faire pour nous. Nous décidons de vendre tout ce qui peut nous rapporter un peu d'argent. Nous avons conscience que vendre nos biens pour manger une ou deux semaines n'est pas la solution tout au plus un pied de nez à la famine. Nous avons conscience qu'il nous faut tenir bon, gagner du temps, éviter le pire et regarder droit devant parce que la victoire est droit devant nous. Je propose les choses à vendre et d'une main tremblante de faim elle écrit. Elle proteste contre l'idée selon laquelle vendre mon seul et unique costume est une bonne idée, accepte difficilement d'inscrire la télé sur la liste et propose d'y rajouter ses plus beaux habits. A la voir ainsi, amaigrie, affaiblie, prête à déchirer les choses qui lui sont si chers pour mettre du pain dans la bouche des enfants, elle parait si forte, si belle. Elle n'est plus reine. Elle est roi.

-si je vends mes habits, et tout ce que nous avons c'est pour que tu ne vendes pas tes affaires. Si tout cela ne suffisait pas je vendrais mes cheveux, mes ongles, mes dents.

La *petite souris* sourit. Son père, sa mère, ses frères et sœurs Ne lui ont jamais donné autant d'importance. Dans la capitale du Kasaï occidentale où elle a grandi, les femmes portent des couronnes mais ne montent pas sur le trône. Sa mère, seconde épouse, n'avait eu l'autorisation de s'asseoir sur une chaise, qu'après avoir mangé par terre durant un an. Tradition oblige.

Enfant, elle s'était juré que son mari ne serait pas polygame mais un prince charmant qui aurait du cœur. Il parlerait un bon français et lui paierait tous ses caprices. Il ferait la cuisine pour elle. Des spaghettis à la bolognaise, des crêpes au chocolat, des frites. Il irait faire les courses, laverait et habillerait les enfants pendant qu'elle se reposerait et si elle tombait enceinte, refuserait qu'elle ne dorme avant d'avoir bu un grand verre de lait chaud. Pour elle, le prince charmant ferait ce qu'aucun homme ne fait : la vaisselle et le ménage. S'il faisait cela, elle en ferait son Dieu.

Chapitre 8

La vente du trésor est décevante. L'acheteur, un jeune voyou sale et arrogant, avance mille et un arguments pour baisser nos prix. Il achète pour revendre et dans le contexte social actuel, chômage et famine, nous ne sommes pas les seuls à brader nos meubles, autrement dit, affirme-t-il d'un air suffisant :

-c'est les vendeurs qui me supplient et non l'inverse.

Rajouter en plus à cela le fait qu'en temps de crise les gens n'achètent plus rien d'autre que la nourriture, son prix d'achat se situe très nettement en dessous du minimum pour ce genre d'affaires.

Marceline enrage et tente une négociation au forceps. Le jeune homme reste impassible. Puis d'un pas calculé, s'en va. Après avoir remarqué sur mon visage que je ne le laisserais partir pour rien au monde. Nous concluons l'affaire et tout le long du chemin qui nous conduit au marché, Marceline récite une litanie d'insultes qu'elle aurait bien aimé cracher au visage du petit revendeur.

-Il faut vraiment être un grand Satan pour acheter une télé qui vaut 200 dollars, cinquante.

Son humeur retrouve une note positive au beau milieu des légumes. Elle négocie bec et ongle chaque centime. Exception faite pour cette poule qu'elle paie le prix fort. Si personne ne la regardait, avoue-t-elle, entre deux sourires, elle avalerait le petit animal en une seule bouchée, bec et plumes y compris. Elle porte bébé au dos et dans ses mains deux gros sacs remplis. L'ainée elle, dort dans mes bras. Nous sommes comme la plupart des jolies petites familles à Lubumbashi, pauvres mais dignes.

Tout le long du chemin retour elle me raconte comment, petite enfant, huit ans, elle se levait avant le soleil pour aller puiser l'eau à la source. Une heure de marche. Deux allers retours par jour. 45 kilos sur la tête. Il arrivait parfois que la pluie tombe à l'improviste. Il fallait alors, forcer le pas pour ne pas dire, Courir. En évitant les flaques d'eau, la boue. Au fil des jours, des ans, elle avait gagné le respect de toutes ses aînées qui la voyaient faire son travail comme si c'était un jeu.

-Je serais incapable d'en faire autant. Le plus dur ne doit pas être d'avoir 45 kilos sur la tête mais de ne pas faire tomber le saut.

Elle sourit. Le soleil des indépendances devrait ressembler à ce sourire.

-toi t'as fait science po en France et moi j'ai fait Kananga.

Une école ou l'on apprend dès le plus jeune âge aux petits enfants à supporter l'insupportable.

-si moi aussi j'avais fait ce sport toute mon enfance mon cœur serait aujourd'hui un peu plus solide.

A ma sortie du CPRK , je me découvris un mal étrange et têtu. Des picotements au niveau du cœur comparable à un léger chatouillement. Certains soir ces douleurs me sortaient du lit, me faisait tourner en rond autour de cette question que je n m'étais jamais poser en trente-six ans d'existence, la mort. Selon le vieux Bata, aucune médecine n'égale celle de notre père qui est aux cieux. Consulter un médecin quand on a mal est somme toute assez logique. Tout remettre dans les mains du Dieu Très haut dépasse l'entendement.

- Je suis Médecin depuis dix ans. J'ai fait un constat étonnant. La plupart des gens malades qui prient Dieu lui demandent d'accomplir une guérison et non pas sa volonté. Vaincre la maladie, ce n'est pas tuer la maladie, ne plus avoir mal mais, si c'est la volonté de dieu qui permet cette maladie vivre avec ce mal en soi, cette écharde. C'est fou de se dire que dieu puisse permettre qu'un homme tombe malade. Dieu n'est qu'amour. Quand nous souffrons parce que sa volonté d'amour le permet, deux choses l'une. Soit nous refusons cette souffrance et alors nous continuons de souffrir. Soit nous acceptons de porter son joug et alors ce n'est plus nous qui avons mal mais lui qui porte notre croix. Mon fils, va voir tous les médecins du pays si tu peux mais chaque fois que tu as mal dans ton corps déclare que jésus christ est le Roi des Rois.

J'avais bien été consulté par un médecin qui n'ayant rien décelé d'anormal me recommanda tout simplement d'éviter les efforts physiques brusques et violents. J'en déduisis que ce mal devait être inconnu et incurable. Le temps qui me restait à vivre, réduit à un chiffre. J'étais bel et bien malade ce qui renforçait ma détermination dans la lutte. Il fallait écrire vite et au mieux pour créer de la richesse. Il fallait apprendre à bien compter ses jours, ses heures. Autrement dit, garder toujours en tête le sourire des fillettes.

Avec cent dollars Marceline fait des merveilles. Elle peut nourrir une petite famille pendant un mois. Petit déjeuner et gouter compris. Le fufu se mange à toutes les sauces, à toutes les heures. Y compris le matin au petit déjeuner. Elle habille les assiettes avec toutes sortes d'épices. Sa nourriture est préparée essentiellement à base d'huile de palme. Les chenilles, les petits poissons, les poissons salés, sont, sur sa poêle, soumis à tous ses caprices. Un petit piment frais ou une pluie d'oignons.

D'après le chef cuisine, *bidia* se mange aussi sans aucun condiment. On peut le manger avec des arachides ou du sel. Dans la maison bakuetu, le bukari est le seul repas que l'on serve matin et soir et ce depuis qu'elle est venue au monde. On ne connait pas les biscottes a la confiture de fraise bonne maman et lorsque sa mère prépare du riz c'est uniquement pour le dessert, avec un verre de thé. D'un ton autoritaire elle affirme haut et fort qu'il n'existe rien en ce monde qui ne soit aussi doux que le fufu chaud.

Apres avoir vendu tous nos biens, manger toutes nos provisions, nous revenons à la case départ. Vivre quelques jours la paix au cœur et ensuite revivre dans la crainte, rend Marceline folle et nerveuse. Elle refuse d'entendre ce que dit la bible sur la persévérance dans l'épreuve. Pour parer au plus pressé, je négocie dans la boutique voisine, un crédit nourriture pour 15 dollars. A rembourser 20 dans une semaine. Les riches ne prêtent pas aux pauvres. Ce bref repris est l'occasion pour elle de ne pas me détester. Elle se demande tout en épluchant ses oignons ce que demain nous réserve encore comme mauvaise surprise.

-Dieu est avec nous et même si demain sera difficile il y aura un autre jour après demain.

-si dieu était avec nous on mangerait du poulet tous les jours.

-Avant d'en arriver là nous devons continuer d'avancer.

-tu parles comme un pasteur. Si au moins tu avais une église on ne manquerait pas d'argent.

-je parle comme quelqu'un qui voit très bien où dieu veut nous conduire.

-moi je vais te dire ce que je vois. Dans quatre jours nous n'aurons plus de farine dans le pot.

-moi je vais te dire ce que je vois. Dans quatre jours le pot de farine sera plein.

Quatre jours plus tard le pot de farine est vide. La boutique d'en face nous refuse un nouveau prêt. Marceline cueille dans l'arbre plantée au milieu du jardin, des mangues. Une dizaine. Nous mangeons. Il y eut un soir, il y eut un matin. Ce fut le premier jour.

Le jour suivant, le combat devient plus difficile. Notre seule possibilité d'avoir un peu d'argent revient à vendre nos derniers meubles, la table, la valise, deux chaises en plastiques. Le départ se fait au petit matin pour ne pas attirer l'attention des voisins. L'acheteur comme à son habitude, est sale et arrogant.

-Je savais bien qu'on se reverrait. Qu'est-ce que tu m'amènes aujourd'hui? Tes slips ou la petite culotte de maman.

D'un ton méprisant il propose son prix qui selon lui est cher payer. Face à mon refus, plutôt mourir affamer que vendre dix dollars une table payée cinquante, il ironise.

-Si tu pars, ne reviens plus jamais sinon la prochaine fois je te payerais tes petites histoires avec du sel.

Je pars. Gédéon, c'est ainsi que l'appellent tous ses collaborateurs, se moque et insulte.

-Personne ne t'achètera cette table tu entends personne. Et comme tu ne veux pas la vendre tu n'as qu'à la manger. *Muntu a pamba*.

Il est 4heures avant la tombée du soleil. Marceline et les enfants n'ont rien mangé depuis hier soir. Rentrer sans nourriture les tuerait. Au hasard d'une rue je croise une tête qui ne m'est pas inconnue. J'ai déjà vu ce visage quelque part sans pour autant me souvenir où et quand. L'homme, d'une trentaine d'année, lui, me reconnait sur le champ. Six mois plus tôt, nous avions échangé deux ou trois mots dans la salle d'attente à l'aéroport international de ndjili. Apres ce bref rappel des faits, jovite me demande, sur un ton blagueur, mon impression sur le Katanga. Je lui explique que j'ai besoin d'argent. Tout ce que sa générosité voudra bien me donner. Je m'excuse pour cette transition subite et pathétique, je lui raconte en accéléré ma fortune, ma chute, ce à quoi il répond, d'une petite voix, si petite que je l'entends a peine :

-Je suis vraiment désole pour toi. Je n'ai pas d'argent sur moi j'aurais bien aimé t'aider mais je n'ai pas d'argent à part mille francs pour mon taxi.

Je lui propose un deal. Ses deux billets contre rien du tout. Son refus laisse entendre que si je le suppliais un peu plus il accepterait. Je supplie mais il ne cède pas. Il me propose un rendez-vous dans la semaine afin que nous étudions mon cas. Demain c'est loin. Si les fillettes ne mettent rien dans leur bouche ce soir ...son regard, sévère et froid, met un terme à cette petite discussion qui gêne sa conscience. Il s'en va. Je voudrais bien en faire autant mais jovite est parti avec toutes mes forces. Dix minutes après avoir disparu, il réapparait. Avec deux billets. Mille francs.

-Tiens.

Il y eut un soir, il y eut un matin. Ce fut le deuxième jour.

La déesse de *dimbelenge* propose que nous vendions notre fer à repasser. D'après son petit calcul cela pourrait nous rapporter au moins dix dollars. Soit, trois repas. Si nous mangions tous les deux jours, nous pourrions ainsi, tenir une semaine en plus. Hier soir, elle a mangé des biscuits. Six en tout. Elle se sent si faible. La perspective d'une nouvelle journée sans nourriture, lui est insupportable.

-vendre le fer n'est pas la solution à notre problème. Nous avons vendu tous nos biens. Tous. Cet argent ne nous a pas aidés à manger mais simplement à ne pas mourir de faim. Quand nous mangeons ce n'est jamais à notre gout ou dans les quantités suffisantes. Alors voilà ce qu'on va faire, on ne va plus rien faire du tout, on ne vend plus rien, et si Dieu ne descend pas du ciel pour nous, on mourra affamer. Avec les enfants. Ça me va comme ça. Si Dieu ne veut pas ou ne peut pas nous aider, qui donc pourra nous venir en aide. Le psalmiste dit *Mieux vaut un jour dans ses parvis que mille ailleurs*. Tu t'imagines comme ses parvis doivent être beaux. Si seulement il nous laissait approcher de ses parvis. Les voir même de loin. Une seconde pas plus. Et si mes yeux ne le mérite pas je fermerais les yeux. Il y a des choses que l'on voit même quand on a les yeux fermés. Je ne veux plus rien voir d'autre que ses parvis. Si L'Eternel ne met pas ses trésors dans nos yeux nous pouvons vendre le fer, il y aura toujours des larmes dans nos yeux. Je sais ce que tu te dis, que je ne suis pas un homme, et tu as raison. Un homme ne renonce jamais, il se bat, il se démène. Ne m'en veux pas. j'ai vu mes filles, la seule chose dont je peux être fière en ce monde, manger du fufu et de l'huile, j'ai vu ma femme que j'aime se priver de repas pour que ses filles mangent, j'ai mis dans ma bouche des choses qui n'avaient aucun gout mais qu'il fallait mettre dans la bouche pour avoir un peu de force. J'ai crié à l'éternel mais lui ne répond pas. Et tu sais pourquoi il ne répond rien. Parce que je suis un chien.

La fille de *dimbelenge* disparait puis réapparait quelques minutes plus tard avec un petit sachet de beignets. Dix en tout. Marceline a supplié la boutiquière. Elle a mis à mal son orgueil. En vingt-trois ans d'existence c'est la première fois qu'elle mendie, supplie avec insistance. S'il le fallait, la fille du General Mulumba se serait mise à genoux.

Il y eut un soir, il y eut un matin. Ce fut le troisième jour.

Et puis, le téléphone sonne. C'est maman. Elle se décide à répondre à mes nombreux sms et mails où je la supplie d'être mère. D'une voix cassée, elle récite le code d'un mandat envoyée dans l'après-midi. Trois cent dollars. Il est 20h et Marceline ne doute plus. Dieu est avec nous. Ceux qui sont contre nous, ne nous résistent pas. Mel avait dit un jour à sa bru qui la suppliait d'intervenir pour ma libération : Qu'il meure en prison. Sortie du trou, elle avait juré qu'elle ne me viendrait jamais en aide. Chaque semaine Je lui écrivais et envoyais sur internet des lettres. Je me disais que le jour où maman lirait mon courrier elle reviendrait aussitôt. Je me disais qu'elle ne devait pas être très loin, quand bien même elle fut sur la lune. Je me disais que même si elle ne revenait plus je continuerais d'écrire. En fait je n'écrivais plus pour elle. J'écrivais ces choses qu'Elle mettait dans mon cœur. Je n'écrivais que pour Elle. Et Elle a Répondu. J'ai entendu dans ce qu'Elle disait que je n'étais pas un chien mais l'enfant d'une Promesse.

-C'est nous les plus forts. On va tous les mettre dans une bouteille. Dixit Marceline tshika bakuetu.

Chapitre 9

Le livre, *la vie des hommes* est retenu et publié par la maison d'édition nzoi. Marceline est si fière. Elle me promet une nuit encore plus douce que le fufu. Dans deux jours notre caisse sera encore vide mais toute notre attention est portée vers ces horizons lointains qui ne se voient pas mais s'imaginent facilement quand vous avez dans les yeux, une espérance qui ne s'éteint pas. Le livre sera vendu au Congo et partout dans le monde. D'après mon éditeur, ce livre aura un grand succès parmi ses lecteurs. La patience est de mise. Nous patienterons le temps qu'il faudra. La faim ne nous fait plus mal.

Les premiers lots du livre arrivent à Lubumbashi et en ouvrant le colis, je vois, ces fruits qui poussent sur les arbres de la terre promise. Chaque matin je sors en vendre un ou deux. La ville est en ébullition. L'opposition politique exige le départ du président kabila qui ne dit pas non. Il ne dit rien. Ce qui exaspère encore plus les tensions. Il louvoie, promet et face à la rue qui gronde, fait mine de reculer. Les militaires sont dépêchés sur place. La ville, insouciante et rebelle, ne se soumet pas. Les jeunes brulent des pneus. Ils ne font rien de mal. Tout juste un peu de bruit. Le bruit ne tue pas. Les menaces que font peser sur eux, les armes et leurs ombres ne les effraie en rien. La seule chose qu'ils redoutent plus que tout, est l'injustice. La justice aurait voulu que le président règne mais ne gouverne plus. Qu'un premier ministre soit élu, revêtu de l'onction du suffrage universel et non nommé. Dans les rues et ruelles des quartiers pauvres, le souverain primaire se déchaîne. La violence fratricide est un chien féroce. Les parents mangent leurs enfants et les enfants mangent leurs parents.

Les gens ne sortent plus en ville. Je fais partie des rares personnes qui s'aventurent encore de ce côté-là. Pourquoi prendre un tel risque. Pourquoi ne pas attendre que les choses reviennent à la normale. Parce que la caisse est vide. Les livres se vendent bien. Trois semaines et tout est vendu. Six cent *dollars in the pocket baby.* Marceline ne comprend pas l'anglais alors je traduis. Ça veut dire que nous ne manquerons plus jamais à manger. Elle répète, avec un fort accent luba, *in the pocket baby.*

Je me permets un achat. Une chemise blanche et un pantalon noir en tissus. Pour les conférences que je donnerais au rotary club et un peu partout dans la ville. Marceline veut que je sois beau comme un sous neuf. Elle astique mes chaussures avec un peu d'huile de palme et elles deviennent toutes neuves. Elle lave tous les deux jours ma chemise blanche et refuse que je porte autre chose pour ces sorties publiques. Mes habits étant usés et râpés. Le soir, autour d'un repas chaud, elle me pose mille et une questions sur ma journée. Les conférences ont un grand succès. Les critiques vont toutes dans le même sens : Dieu seul sait et peut écrire des histoires aussi folles. Je lui raconte comment est-ce que en décrivant la vérité carcérale aux jeunes du lycée français

Blaise Pascal, j'ai craqué, pleuré. Le professeur Tshilombo, chef du département de chirurgie aux cliniques universitaires me donne un lap top tout neuf et cinq cent dollars pour aide. Elle saute de joie. Le Rotary club me promet un financement pour mes projets culturels à Lubumbashi. Elle applaudit. Le lycée français commande une cinquantaine de livres. Elle Se marre :

-in the pocket baby.

Nous mangeons par terre parce que nos deux dernières chaises en plastiques se sont cassées la veille. Nous mangeons dans des casseroles et les enfants, des couvercles de casserole parce que nous n'avons plus une seule assiette depuis des mois. Je ne me suis jamais senti aussi fort de toute ma vie. Petit et invincible.

Je vois, dans l'écheveau des tragédies en République Démocratique du Congo, que ce pays dont on veut nous déposséder restera toujours sous les pieds des enfants à qui la providence l'a donné. Quand bien même les nations les plus puissantes du monde continuaient à jouer avec nous les cartes du cynisme et de l'hypocrisie nous passerons le Jourdain. Le Congo est le pays des grands prophètes Noirs. Le Congo n'est pas un pays comme les autres. Ici, Les grands hommes meurent mais ne tombent pas. Ici on renverse les autels et cherche à faire mourir ceux qui disent la vérité. La vérité est que Les soleils des indépendances sont des démons et les indépendances ne sont pas des soleils mais la vérité de l'Afrique. Cette vérité ne saurait se réduire à un feu aussi puissant soit-il parce que rien ni personne ne peut la coucher ou l'éteindre. Cette vérité ne peut être qu'un vœu pieux: le droit des peuples à disposer d'eux-mêmes.

-tu m'aimes ? Demande-t-elle après une nuit d'amour qui ne finit pas et dont elle seule a les secrets. Tous les secrets.

-si je ne te vois pas pendant deux jours je meure.

-Dis-moi la vérité, est ce que tu m'aimes vraiment.

-je t'aime et tu le sais.

-Et est-ce que tu m'aimeras toujours. Même si tu deviens fort riche.

-jusqu'ici Dieu nous a secouru. Je jure sur ce Dieu là que je t'aimerais toute ma vie.

Conclusion

Il est minuit sans étoiles et du haut des tristesses de ce siècle je me dis et affirme que notre planète est bonne à jeter à la poubelle. La tristesse est bien plus qu'un verre d'eau dans les yeux. C'est, toutes ces petites secondes qui vont dans le sens inverse des aiguilles du monde. L'envers du décor ne trompe plus l'œil. Vu d'ici, le monde, bête et méchant, ressemble à des dents de loups.

On peut voir comme si on y était, les chiens courir après les poètes et les poètes répéter à l'envi que le déni des droits humains n'est pas un jeu ; Les guerres qui crachent leur venin contre les belles et grandes utopies ; Les grands hommes qui s'en vont, d'un pas désolé, dire à Dieu tout le mal qu'on leur a fait.

La tristesse est bien plus que douleurs et rancunes. Elle est aussi, force et folie. Sur cette petite planète pas plus grosse que le poing d'une colère, l'injustice et le mensonge sont honnis. Les habitants marchent comme ils pleurent.

-Que sont devenus les hommes sur terre ?

Demande *congolais*, le premier homme à avoir posé ses pas sur cette lune.

-On leur a tout pris. On les a jetés au feu. Ils brûlent et ceux d'entre eux qui ne meurent pas, brillent. Répond d'une voix mélancolique, son compatriote, *Alep*. S'ensuit un dialogue entre fous.

-Voici une vérité bien monstrueuse.

-Chez eux tout n'est que monstre vertueux.

-Pouvez-vous nous lire quelques mots d'Afrique ?

-Les maux de poésie me manquent.

-Faites alors comme moi. Quand je ne peux plus dire un mal, je chante.

-Je vous écoute.

-Si vous ne mettez pas votre oreille contre ma poitrine vous ne pourrez rien entendre.

-J'entends. Un marteau qui frappe contre des clous. N'est-ce pas là un son bien étrange.

-Sachez Monsieur que le cri de l'injustice ne s'entend pas. Il se ressent. De là ou je viens, ce cri a déchiré jusqu'au sang mon ouïe si fine et fragile et contrit mon âme tant et si bien qu'aujourd'hui je ne veux plus rien entendre.

-Je vois. Le son du marteau qui frappe contre les clous ressemble étrangement à un bruit de pas. Des pas d'hommes. Ils sont une multitude.

-C'est la vérité qui marche.

-Le genre humain est une vérité qui avance.

-Ne pleurez donc plus sur les peuples. Ils marchent vers leur destinée.

Seule face à mes doutes et angoisses *je pris le maquis de l'âme.* Dans cette petite planète tout est minuscule. Le soleil des indépendances est petit, l'un des pays les plus grands au monde, la République Démocratique du Congo, est petit. Si petit que les prisons ressemblent à des maisons comme les autres. Et les régions, aux pièces d'un puzzle où il manque toujours une pièce.

Pour rien au monde je ne quitterais ma planète pour la leur. A moins que l'on me promette, de toutes les filles du pays, la plus jolie. Je connais son nom. Le lait et le miel de son nom sont si doux aux palais de ceux qui n'ont jamais rien eu d'autre à la bouche que les cris et les grincements de dents. Rebelle et insouciante elle a le regard de toutes ces jolies négresses à qui l'on avait voulu casser les reins, croyant à tort, qu'on pouvait tuer la Beauté.

Pour elle, je me ferais enfant dans les bras d'une mère ; je renoncerais à mon trône sur planète-tristesse; je lui dessinerais un mouton. Il y aura dans ce mouton tous les battements de mon cœur pour elle. Et si elle m'aime, je veux dire par là si elle ne me regarde pas, je ne détournerais jamais mon regard d'elle. *Lubumbashi minakupenda.*

Lubumbashi écoute : Les habitants de ma planète -Alep, Mossoul, syrte, Goma...- ne me croient pas quand je leur raconte que Dieu t'a fait plus belle que Lui. Je marche dans tes rues et ruelles, les pas sur tes pas. J'ai crié à l'injustice et tu n'as pas répondu. En vérité tu as répondu -et je n'ai pas entendu- que dans mon cœur ton cœur bat aussi.

Si seulement nous pouvions vivre rien que tous les deux au beau milieu d'ailleurs merveilleux, je ferais tes sourires encore plus délicieux que le vin doux. Je te ferais sourire dans mes nuits pleines de désolations. Tes lèvres, ce chemin étroit et lumineux, se colleront à mes lèvres et quand bien même le temps s'échinerait à nous détacher, nos corps ne se détacherait plus.

Nous partirons en promenade d'amoureux aux premières lueurs du matin, nous oubliant l'un dans l'autre jusqu'au coucher de tes paupières. Je te porterais pour que tes pieds ne touche pas autre chose que mes baisers. Tu me demanderas, étonnée et affolée, pourquoi sur ma planète, les têtes des fleurs ressemblent autant aux visages d'hommes. Je te répondrais qu'en vérité ce sont les visages d'hommes qui ressemblent aux fleurs. Tu me demanderas un peu d'eau. Je te donnerais cette eau que l'on boit et qu'après avoir bu, on redemande. Cette eau qui sort du rocher. Tu désireras alors repartir avec ce gros caillou mais je te donnerais mieux, le nom du rocher, la justice et la seule façon de le posséder, l'amour.

Lubumbashi si les hommes ne t'aiment pas ils voudront te faire du mal mais ne parviendront qu'à s'entre tuer. Comment t'aimer quand les chiens qui te sont fidèles n'ont droit à rien si ce ne sont ces miettes qui tombent de la table des maitres ? En mangeant ces miettes. L'humilité n'est pas la gloire. Elle est, dans le maquis de mon âme, cette lumière qui ne s'éteint pas.

Ils ont déchiré ton pagne, défait les tresses que Dieu en personne avait mis sur ta tête. Ils n'ont rien fait. Parce que tu pardonnes tout. Tu ne peux pas ne pas aimer. Si les hommes ne voient pas, dans tes cours d'eau si riches, dans ton sol fertile, combien tu les aimes alors ils ne comprendront pas qu'ils sont tous égaux. Ils n'entendront pas en leur cœur, cette voix qui appelle une seule et même chose : la paix. Du haut de ce beau mot, ton amour tombe en continu. Là, et seulement là, les chiens ont droit à bien plus que des miettes.

Vois, les amoureux qui te sont fidèles, errer d'un pas chancelant, sur cette petite planète, froide et o combien dure que l'on appelle, tristesse. Les eaux des fleuves sont glacés, les champs de blé ont des épis malades, les cailloux portent en eux la trace d'un mauvais coup. Le temps, cynique et pervers ne répond plus. Le temps ne peut plus rien contre ces ombres qui dansent comme des vautours.

Le décor est posé. Pas une seule étoile qui ne manque ou ne mente et jette sur la scène tout juste ce qu'il faut comme lumière pour donner à la *comédie humaine*, force et folie. Sur cette petite planète on rejoue chaque jour la même pièce. Celle dont tout le monde se fout pas mal. Se peut-il qu'il y ait en ce monde des gens qui n'intéressent personne ?

Le 21 ème siècle est pourri. J'en veux pour preuve la couleur du ciel. Qu'on ne s'y méprenne pas. Le toit du monde n'est pas bleu. Il est triste. Les hommes tombent et meurent comme dans un jeu d'échec. La vie des hommes n'est pas un jeu même si, à n'en point douter, les hommes sont les pièces d'un Grand Maitre. La vie des hommes est de ces choses-là qui, diraient on, brûlent mais qui en vérité brillent. La vie des hommes est, quelle que soit la couleur de l'Homme, la chose la plus précieuse qui nous ait été donnée sur terre. Un diamant dans un écrin. Des milliers de carats dans la paume d'un orfèvre. Du brut d'une pureté incomparable.

Peuples du monde, quels que soient vos dieux, prosternez-vous devant Celui que vos mains veulent détruire : L'Homme.

FSC
www.fsc.org
MIX
Papier | Fördert
gute Waldnutzung
FSC® C083411

Kolibri 360 GmbH
Ferdinand-Jühlke-Straße 7
99095 Erfurt, Deutschland
produktsicherheit@kolibri360.de

Druck:
CPI Druckdienstleistungen GmbH
im Auftrag der
Kolibri 360 GmbH
Ferdinand-Jühlke-Str. 7
99095 Erfurt